¡Saludos, camionetas!

40
CHEVROLET
C 1403

LAS CAMIONETAS

KATE RIGGS

CREATIVE EDUCATION | CREATIVE PAPERBACKS

¡HICISTE UNA BUENA ELECCIÓN AL "RECOGER" ESTE LIBRO!

Índice

Publicado por Creative Education y Creative Paperbacks
P.O. Box 227, Mankato, Minnesota 56002
Creative Education y Creative Paperbacks
son sellos editoriales de The Creative Company
www.thecreativecompany.us

Diseño de Graham Morgan
Dirección artística de Blue Design (www.bluedes.com)

Imágenes de Alamy/Steve Hamblin, portada (izquierda); Dreamstime/Brian Sullivan, 24, Dlrz4114, 14-15, Len Green, portada (derecha), Typhoonski, 10-11, Yuri Arcurs, 13; flickr/DiamondBack Covers, 17; Getty Images/Grafissimo, 16, Lisa-Blue, 18-19, schlol, 3, 4, 20-21; Pexels/Boris K., 2, Howard R., 23, Tyler Clemmensen, 1; Shutterstock/ Photohunter, 6-7; Unsplash/Philip Stieber, portada (centro), weston m, 8-9

Library of Congress Cataloging-in-Publication Data
Names: Riggs, Kate, author.
Title: Las camionetas / by Kate Riggs.
Other titles: Pickup trucks. Spanish
Description: Mankato, Minnesota : Creative Education and Creative Paperbacks, [2025] | Series: Maravillas | Includes index. | Audience: Ages 4-7 | Audience: Grades K-1 | Summary: "An engine-revving introduction to pickup trucks, this transportation book for beginning readers features eye-catching photographs, humorous captions, and basic facts about the equipment-hauling vehicles. This Spanish text includes a labeled vehicle guide, glossary, and index"-- Provided by publisher.
Identifiers: LCCN 2024021868 (print) | LCCN 2024021869 (ebook) | ISBN 9798889895282 (library binding) | ISBN 9781682777275 (paperback) | ISBN 9798889895343 (ebook)
Subjects: LCSH: Pickup trucks--Juvenile literature. | CYAC: Pickup trucks. | LCGFT: Instructional and educational works.
Classification: LCC TL230.5.P49 R5418 2025 (print) | LCC TL230.5.P49 (ebook) | DDC 629.223/2--dc23/eng/20240604
LC record available at https://lccn.loc.gov/2024021868
LC ebook record available at https://lccn.loc.gov/2024021869

Impreso en China

Las camionetas son más grandes que los coches. Circulan por las carreteras.

En la parte delantera de una camioneta está la cabina. Hay asientos allí. Las cabinas más grandes son las supercabinas y las dobles.

¡SOY PEQUEÑO, PERO SOY PODEROSO!
CHEYENNE 10

La cama es la parte trasera de una camioneta. Sirve para transportar cosas.

Se abre el **portón trasero** para meter cosas en la cama.

LOS PORTONES TRASEROS PUEDEN ABRIRSE PARA CREAR MÁS ESPACIO EN LA CAMA.

Una persona conduce la camioneta. Otra persona es un pasajero. En una camioneta pueden caber tres o más personas.

¿PODEMOS COMPRAR UN HELADO?

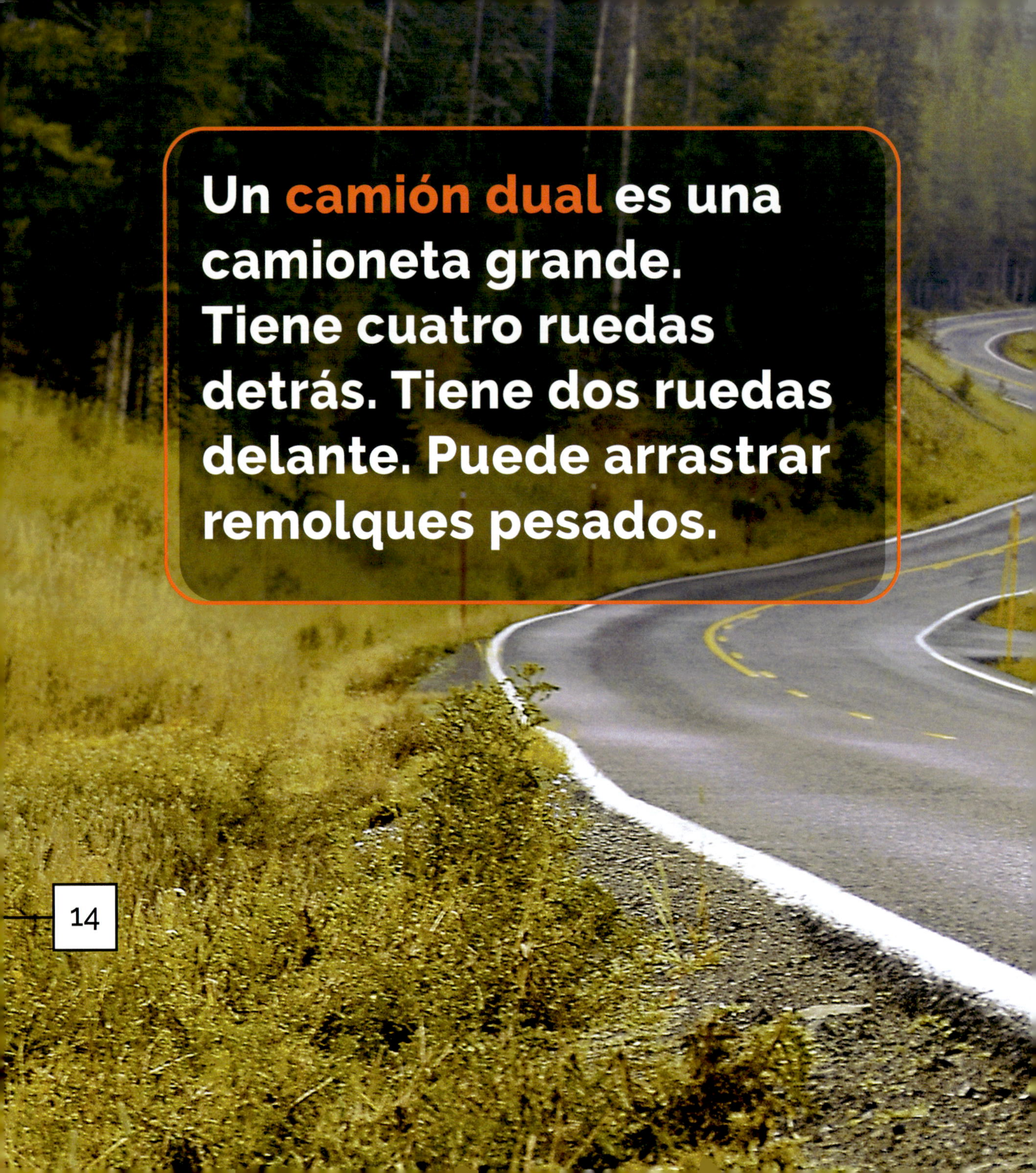

Un **camión dual** es una camioneta grande. Tiene cuatro ruedas detrás. Tiene dos ruedas delante. Puede arrastrar remolques pesados.

LAS RUEDAS ADICIONALES HACEN QUE EL CAMIÓN SEA MÁS FUERTE Y ROBUSTO.

Las camionetas transportan máquinas. Circulan por carreteras en mal estado.

can-am
can-am
METAL X
Newmarket
ONTARIO
566 2YZ
NEWROADS GMC
SKYJACKER

DE NUEVO EN LA CARRETERA...

¡Adiós, camionetas!

[Imagina una camioneta]

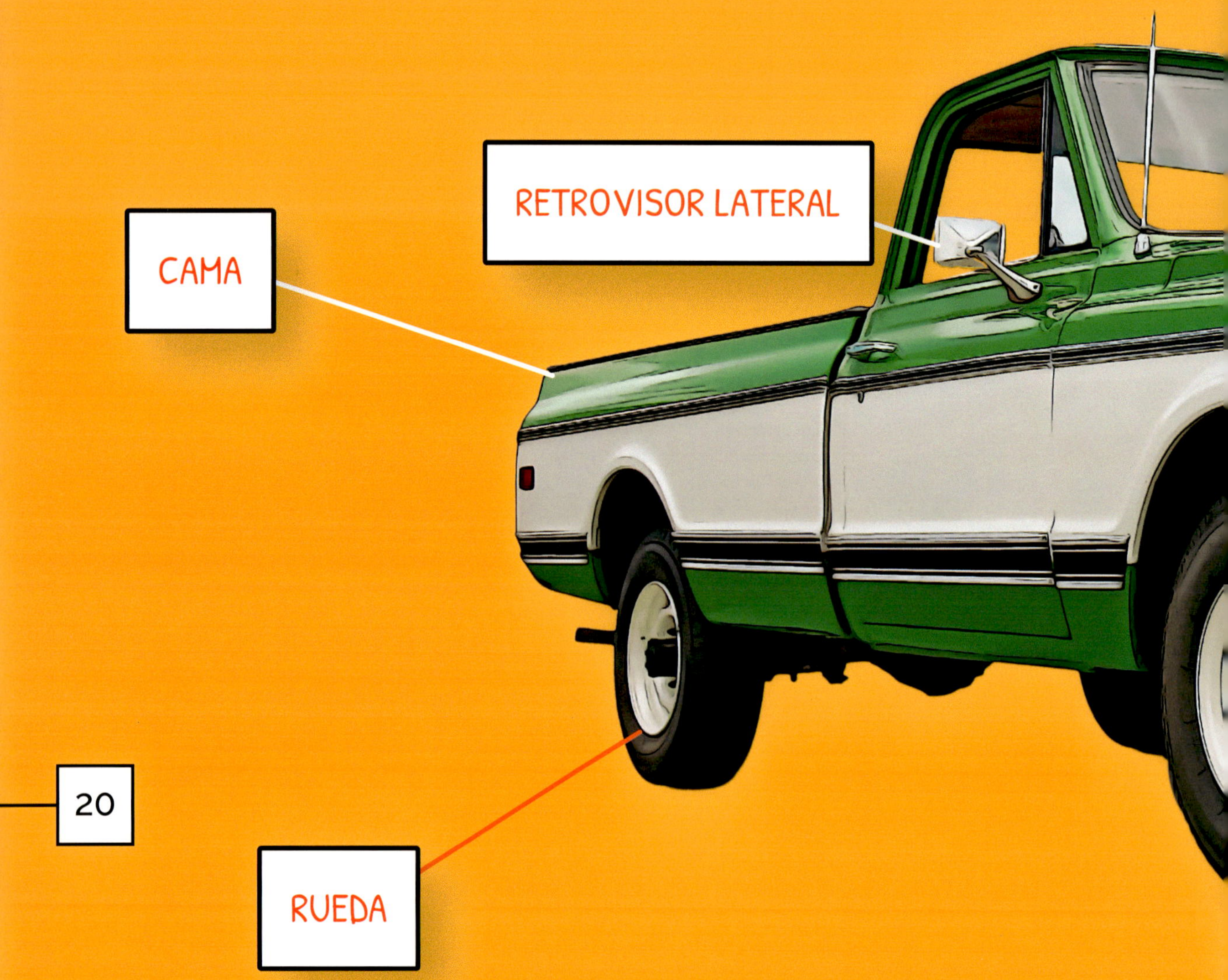

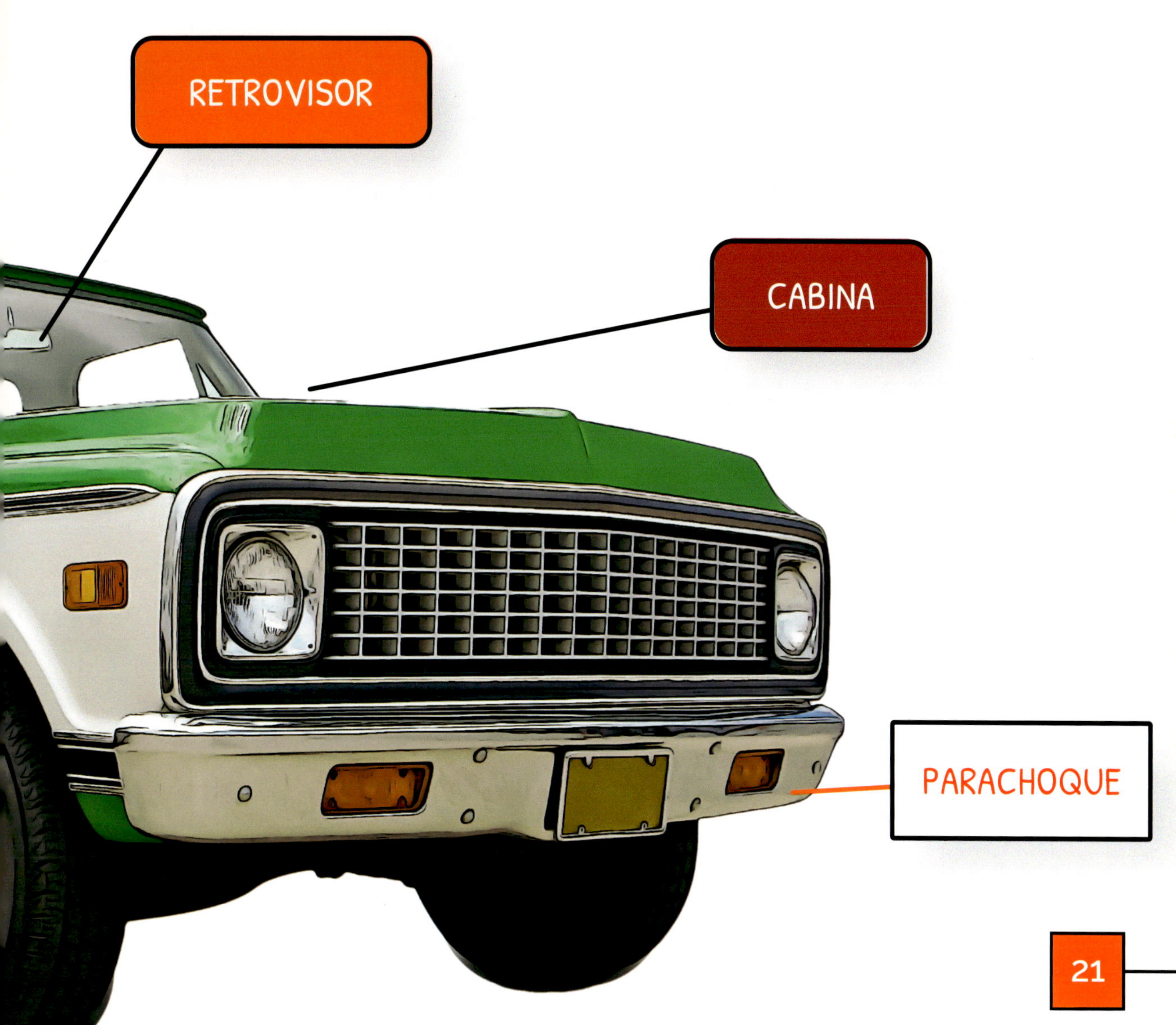
RETROVISOR
CABINA
PARACHOQUE

PALABRAS QUE DEBES CONOCER

camión dual: una camioneta con dos grupos de ruedas traseras

pasajero: alguien que viaja en un vehículo pero no lo conduce

portón trasero: el extremo de la cama de una camioneta que se puede bajar o quitar.

Ford
RADIAL GTS

ÍNDICE